sterrenstof

Het geheim van Barry Boudini

goochelaars | vriendschap | geheimschrift
Toegekend door Cito i.s.m. KPC Groep

© 2012 Educatieve uitgeverij Maretak, Postbus 80, 9400 AB Assen

Tekst: Hilde Vandermeeren
Illustraties: Lucy Keijser
Vormgeving: Heleen van Keulen
DTP Gerard de Groot
ISBN 978-90-437-0387-1
NUR 140/282
AVI E5

Het geheim van Barry Boudini

Hilde Vandermeeren

illustrator Lucy Keijser

educatieve
uitgeverij
Maretak

1 Een zwart kistje

'Tot volgende week!', wuift Martijn.
Zijn moeder stapt in de auto, toetert even en dan is ze weg.
'Heb je dorst?', vraagt Martijns oma.
Martijn knikt. Bij zijn oma heeft hij meestal dorst. Niet
alleen omdat haar limonade zo goed smaakt, maar ook
omdat het bij zijn oma een beetje stoffig is. Haar huis staat
vol oude spullen, zoals porseleinen poppen. En kasten en
tafeltjes die ruiken naar vroeger.
'Dat heet antiek', zegt zijn oma.
Martijn mag daar niet aankomen. Sommige spullen zijn veel
geld waard. Andere dingen bij zijn oma zijn helemaal niet
duur. Volgens zijn moeder is dat rommel, maar dat vindt
zijn oma niet zo leuk om te horen. Ze houdt van een huis vol
spullen. Vooral sinds Martijns opa er niet meer is.
Misschien is haar huis dan minder leeg, denkt Martijn.
Hij draait zich om en gaat naar binnen. In de gang staat een
grote, kartonnen doos.
'Wat zit daarin?', vraagt Martijn nieuwsgierig.
Hij bukt zich en doet de flappen open. In de doos zitten
diverse boeken, vier beeldjes en een zwart kistje. Het kistje
ziet er oud uit. In het zilverkleurige slot zit geen sleutel. Wat
geheimzinnig, vindt Martijn. Hij wil het kistje openmaken.
'Niets aanraken, Martijn', zegt zijn oma. 'Misschien zit er
wel iets heel kostbaars tussen. Een kennis heeft die doos
vandaag gebracht. Het zijn allemaal spullen waar ze vanaf
wilde.'

Martijn volgt zijn oma naar de keuken. Daar schenkt ze hem een glas limonade in. Op een bankje zit een bruine teddybeer met één oog.

'Is dat nou rommel?', vraagt Martijn aan zijn oma.

'Nee hoor', lacht ze. 'Die beer is echt antiek. Hij is meer dan honderd jaar oud.'

Martijns oma gaat elke week naar een vlooienmarkt. Vroeger dacht Martijn dat het daar vol vlooien zat, door al die oude spullen. En dat de mensen de hele tijd moesten krabben. Maar dat is niet zo. Het is gewoon een markt en de mensen verkopen er hun spullen. Antiek en rommel door elkaar. Hij is al vaak mee geweest. Soms koopt zijn oma meer dan ze verkoopt. Dan wordt haar huis nog voller. Zelfs tot in de nok. Want op zolder bewaart ze de spullen die ze echt niet kan verkopen.

'Wat ga je vandaag doen?', vraagt zijn oma.

'Geen idee', zucht Martijn.

Voetballen tegen de muur. In zijn eentje. Rondfietsen in de wijk. In zijn eentje. Kattenkwaad uithalen. In zijn eentje. Dat laatste lijkt hem wel wat. Een hele week bij zijn oma is wel lang. Martijn mist zijn vrienden thuis. Maar het kan niet anders, het is vakantie. Zijn papa zit voor zijn werk in het buitenland en zijn moeder kan niet vrij nemen. Dus moet Martijn hier een weekje logeren.

Bij zijn oma in de straat wonen geen andere kinderen. Er staan weinig huizen. Rechts van zijn oma woont niemand. Aan de andere kant staat wel een huis. Maar daar wonen geen leuke mensen, vindt Martijn. Het zijn zure buren. Hun appelboom groeit over de schutting. Ooit was Martijn erin geklommen en at een heerlijke, zoete appel. Tot de buurman eraan kwam.

'Blijf van mijn appels, snotaap!', zei de buurman boos.

'Mijn vrouw maakt daar appelmoes van. Ze kan geen appel missen.'

Martijn drinkt zijn glas leeg. Hij moet de hele tijd aan het kistje denken. Hij krijgt het niet uit zijn hoofd. Zijn oma staat met haar rug naar hem toe. Ze schilt aardappelen. Als hij nu snel even in de doos gluurt, zal ze het niet eens merken.

'Ik ga naar boven om mijn spullen uit te pakken', zegt Martijn.

Dat is geen leugen. Om naar de logeerkamer te gaan, moet hij door de gang. En in de gang staat de doos met het geheimzinnige kistje.

In de gang sluit Martijn de deur achter zich. Hij gaat naar de doos en buigt zich voorover. Er ligt een dikke laag stof op het kistje. Martijn blaast het weg. Het stof kriebelt in zijn neus.

'Hatsjoe!'

Hij wacht even, maar gelukkig komt zijn oma de gang niet in. Zijn vingers glijden over het deksel. Het voelt ruw aan. In het hout staat iets gekrast.

'Barry Boudini', leest hij.

Het kistje is van een zekere Barry Boudini. Het is net of hij die naam al eerder heeft gehoord. Martijn probeert het kistje te openen, maar dat lukt niet. Het zit op slot. Misschien ligt het sleuteltje ergens in de doos, denkt Martijn.

Hij tast onder de beeldjes. Dan gaat de deur open. Martijn springt rechtop. Net op tijd.

'Dat vergat ik je nog te vertellen', zegt zijn oma. 'Sinds kort heb ik nieuwe buren.'

'Zijn ze even chagrijnig als de vorige?', vraagt Martijn.

'Nee hoor. Het zijn heel fijne mensen. Ze hebben een zoon die even oud is als jij.'

2 Verboden toegang

Even later staat Martijn bij de buren op de stoep. Dat mocht van zijn oma. Hij heeft toch niets beters te doen. Zijn oma heeft de kartonnen doos in de keuken gezet. Ze wil alle spullen één voor één bekijken. Nu kan hij niet meer naar het sleuteltje zoeken.

Martijn belt aan. Er verschijnt een vrouw met blonde krullen.

'Hallo', lacht ze. 'Ben je ook een vriend van Lukas?'

Zo heet de jongen dus, denkt Martijn.

'Ja', knikt hij.

'Loop maar door naar achteren', zegt ze. 'Ze wachten op je in het schuurtje.'

Martijn loopt de gang door, via de keuken naar de achtertuin. Hij schuift de glazen deur van de veranda open. Ondertussen vraagt hij zich af wie die 'ze' zouden zijn.

In de tuin is niemand te zien. Uit het schuurtje komen luide stemmen. Dan ziet hij een briefje op de deur:

VERBODEN TOEGANG!
NIET BINNENKOMEN!
ONTPLOFFINGSGEVAAR!

Martijn wil naar binnen loeren, maar voor het enige raam van het schuurtje hangt een gordijn. En dat is dicht.

'Nee, nee en nog eens nee!', zegt een meisjesstem. 'Ik kruip niet in die kantelkist.'

'Dan neem ik Milan wel', zegt een jongensstem.

Martijn hoort iemand protesteren. Hij wil weten wat daarbinnen gebeurt en leunt met zijn oor tegen de deur. Blijkbaar was de deur niet goed dicht. Voor Martijn het beseft, struikelt hij het schuurtje binnen.

Drie verbaasde gezichten staren hem aan. Twee jongens en een meisje. De ene jongen heeft blonde krullen en draagt een zwarte cape. De andere jongen is mager en heeft zwart haar. Het meisje draagt haar halflange bruine haar in een staart. Ze heeft guitige sproetjes.

'Wie ben jij?', roept de jongen met de blonde krullen boos. 'Waarom kom jij hier zomaar binnen?'

Martijn schraapt zijn keel.

'Ik ben Martijn. Ik logeer hiernaast bij mijn oma', zegt hij. 'Ik wilde gewoon even gedag komen zeggen.'

'Kun je soms niet lezen?', vraagt de jongen met de blonde krullen.

Hij wijst naar het blaadje op de deur.

'We zijn met iets heel belangrijks bezig', zegt hij. 'Iets wat niemand mag zien.'

Hij bedekt een vierkante kist snel onder een laken.

'Maak je niet druk, Lukas', zegt het meisje. 'Martijn kan toch niet weten dat we met een goochelshow bezig zijn.'

Ze draait zich om naar Martijn.

'Ik heet Anouk', zegt ze vriendelijk. 'Dit is Milan en deze mislukte goochelaar is Lukas.'

'Let op je woorden', zegt Lukas verontwaardigd. 'Mijn opa was wel een echte goochelaar.'

'Nou en?', vraagt Anouk. 'Mijn oma zong vroeger de sterren van de hemel. Daarom ben ik toch geen popzangeres?'

Lukas kruist zijn armen en draait zich met de rug naar Anouk.

'Maar dit zijn wel echte goochelspullen', zegt hij. 'Die heeft mijn opa aan mij gegeven.'

Martijn kijkt in het schuurtje rond. Er is weinig licht. Dat is wel nodig als je goed wilt goochelen. Net zoals lange mouwen best handig zijn. Dat staat in zijn goochelboek thuis: *Goochelen in 1-2-3. Je krijgt het zo onder de knie.* Op een tafeltje liggen kaarten, een goochelstok en drie gekleurde plastic bekertjes met een balletje.

'Ik ben dol op goochelen!', zegt Martijn. 'Willen jullie iets zien?'

Hij pakt de drie bekertjes en het balletje.

'Hé, blijf daar af!', roept Lukas.

Hij wil de spullen afpakken, maar Anouk houdt hem tegen.

'Laat hem even', zegt ze.

Martijn zet de drie bekertjes op een rij. Onder het middelste stopt hij het balletje.

'Kijk nu goed', zegt hij.

Hij beweegt de bekertjes. Steeds sneller gaat het. Dan stopt Martijn. Hij zet de bekertjes op een rij.

'Waar zit het balletje?', vraagt hij.

'Dat weet het kleinste kind!', zegt Lukas. 'Hier natuurlijk.'

Hij tilt het rechtse bekertje op. Het is leeg. Net zoals het middelste en het linkse.

'Waar zit dat balletje dan?', vraagt Lukas.

Martijn plukt iets weg achter het oor van Lukas.

'Hier!', zegt hij triomfantelijk. 'Achter je rechteroor.'

Hij houdt het balletje omhoog. Anouk en Milan moeten er hard om lachen. Lukas niet.

'Je hebt je kunstjes laten zien. En nu mijn schuurtje uit', zegt hij bars. 'We moeten nog veel oefenen. De goochelwedstrijd is al over drie dagen.'

'Doen jullie mee aan een goochelwedstrijd?', vraagt Martijn

opgewonden. 'Dat heb ik altijd al willen doen.'

'Het is een talentenjacht voor jonge goochelaars', zegt Milan. 'Er komen best veel mensen naar kijken. Je kunt er leuke prijzen mee winnen.'

'Maar dan moeten we eerst nog een goede show in elkaar zetten', zucht Anouk.

'Ik ken veel trucs', zegt Martijn. 'Maar al mijn spullen liggen thuis.'

'Dan doe je gewoon met ons mee', stelt Anouk voor.

'Geen sprake van', zegt Lukas. 'We zijn net met genoeg. Ik ben de Grote Lukas. En jij en Milan zijn mijn assistenten.'

'Waarom speel jij altijd de baas?', zegt Anouk. 'Ik begin dat zat te worden.'

'Ik ook', zegt Milan.

De Grote Lukas wijst naar de hoek van het schuurtje.

'Van wie zijn deze goochelspullen ook alweer?', vraagt hij.

Anouk en Milan zwijgen.

'Dag Martijn, daar is de deur', zegt Lukas. 'En wil je ons voortaan niet meer storen?'

Martijn druipt af. Hij is boos op Lukas. Hij had dolgraag met de anderen meegedaan. Hij loopt achterom naar zijn oma en slentert de keuken binnen. Dan staat hij stil.

Midden op de tafel staat het zwarte kistje. Er zit een zilveren sleuteltje in.

'Maak maar open', zegt zijn oma.

Ze heeft pretlichtjes in haar ogen. Maar dat ziet Martijn niet.

3 Dubbele bodem

Traag draait Martijn het sleuteltje om. Het slot klikt open.
'Mag ik?', vraagt hij voor de zekerheid aan zijn oma.
Ze knikt.
In één beweging doet hij het deksel open. Er springt iets uit,
recht naar zijn gezicht. Martijn gilt en deinst achteruit. Een
clown op een springveer staart hem grijnzend aan. Het
hoofd wipt op en neer.
'Wat een geweldige fopdoos, niet?', lacht zijn oma. 'Die
goede, oude Barry toch.'
'Ken jij die Barry Boudini?', vraagt Martijn. 'Die naam staat
op het kistje.'
Zijn oma knikt.
'Hij was een bekende goochelaar uit de streek', zegt ze.
'Was?'
'Hij is al een poosje overleden.'
Zijn oma stopt het clowntje terug in de doos. Ze draait het
sleuteltje om.
'Als je wilt, mag je het kistje houden', zegt ze.
Eerst wil Martijn zeggen dat hij het niet hoeft. Maar dan
bedenkt hij zich. Hij weet al aan wie hij die fopdoos wil
geven.
'Hoe was het bij de buren?', vraagt zijn oma.
'Ging wel', zegt Martijn.
Hij wil zijn oma niet over de Grote Lukas vertellen, want hij
heeft een heel speciaal plannetje voor hem in petto.
Zijn oma schuift hem een folder toe.

GROTE GOOCHELWEDSTRIJD
VOOR KINDEREN

'Dat klinkt fijn, hè', zegt zijn oma. 'Net iets voor jou. Heb je zin om te gaan kijken?'
'Misschien', zegt Martijn.
Veel liever had hij op het podium gestaan. Maar een goochelaar zonder attributen, is als een pauw zonder veren. Martijn pakt het kistje en gaat naar boven. In de logeerkamer gooit hij het kistje op bed. Zelf gaat hij ook liggen. Het foldertje van de goochelwedstrijd verfrommelt hij tot een prop. Die smijt hij weg.
Stomme Lukas. Door zijn schuld kan Martijn nu niet meedoen. Voor hem liggen lange dagen vol verveling.
Hij maakt een bruuske beweging met zijn voet. Daardoor valt het kistje op de grond. Er klinkt gekraak.

Ook dat nog, denkt Martijn. Nu is de fopdoos kapot.

Hij roopt het kistje op. Het is gelukkig niet stuk. De clown is wel helemaal losgekomen, met springveer en al. Martijn wil alles netjes terugstoppen. Plotseling ziet hij dat de bodem loszit.

'Een dubbele bodem', fluistert hij.

Misschien zit er iets belangrijks onder. Diamanten. Of het testament van Barry Boudini. Maar het is niets van dat alles. Martijn vindt alleen een klein zwart boekje. Met gouden letters staat er op het kaft:

Het geheim van de goochelaar

Wat een vondst, denkt Martijn. Als Lukas dat hoort, wordt hij vast heel jaloers.

Vol verwachting doet Martijn het boekje open. De eerste pagina is leeg. Misschien hoort dat zo in een geheim boek van een goochelaar. Op de tweede en derde pagina staat ook niets.

Martijn bladert door het zwarte boekje.

Niets.

Er staat helemaal niets in geschreven. Geen letter. Blijkbaar was Barry Boudini niet alleen een goochelaar, maar ook een grote grapjas. Martijn wil het boekje in de vuilnisbak gooien. Dan krijgt hij ineens een idee. Hij weet hoe hij Lukas kan foppen en hoe hij zich een hele dag lang niet zal vervelen. Hij staat op en steekt het boekje in zijn achterzak.

4 Ruzie

De volgende ochtend is Martijn vroeg wakker. Hij springt
uit zijn bed en gaat naar de keuken. In een paar tellen is zijn
ontbijt op. Hij veegt de kruimels van zijn mond.
'Heb je ergens een wit blad papier?', vraagt hij aan zijn oma.
Ze knikt en komt terug met een vel papier.
Dat ziet er groot genoeg uit om een testament van te maken,
denkt Martijn. Maar het lijkt nog veel te nieuw.
Zodra zijn oma de keuken uit gaat, pakt hij haar kopje. Er zit
nog een bodempje thee in. Hij giet het restje over het papier
en knikt tevreden. Er zit nu tenminste al een vlek op.
Dan verfrommelt hij het blad en strijkt het weer open. Hij
maakt er een scheurtje in en vouwt een paar hoeken tot
ezelsoren. Het ziet er bijna uit als een oud testament. Maar
er staat nog niets op.
Martijn gaat naar boven en haalt de fopdoos.
'Ik ga wat rondrijden in de buurt ', zegt hij tegen zijn oma.
Het kistje verbergt hij achter zijn rug.
'Voorzichtig zijn', zegt zijn oma.
Dat zegt ze altijd. En Martijn zegt altijd 'ja'. Maar soms rijdt
hij zonder handen of op één wiel op de stoep. Nu heeft hij
daar geen tijd voor, want hij moet een fopdoos verstoppen.
Martijn bindt het kistje achter op zijn fiets vast. Hij voelt in
zijn broekzak en haalt er een potloodstompje uit. Aan de
bovenkant van het blad schrijft hij in grote letters:

Testament

Aan de eerlijke vinder.
Volg deze weg en ontdek
het geheim van de goochelaar.

Barry Boudini

Nu alleen nog een weg bedenken. Die moet ergens starten,
denkt Martijn. Maar waar? Het moet een plaats zijn die
iedereen kent.
Martijn kijkt om zich heen. Hij kent de buurt vrij goed. Wat
verderop is het Fluisterbos, maar daar wil hij niet naartoe.
Als het stil is, hoor je de bomen fluisteren, zeggen de
mensen. Daarom heet dat bos zo. Zijn oma zegt dat het
geruis door de wind komt. Die laat de bladeren bewegen.
Maar Martijn vindt het maar een akelig bos. In de buurt is
ook een sloot waar een bootje ligt om over te steken. Dat
lijkt hem wel fijn. Daar wil hij straks zeker naartoe.
Martijn rijdt door de straat van zijn oma. Aan het einde van
de straat splitst de weg. Op de splitsing staat een standbeeld
van een man. Het was een man uit het dorp. Hij vond iets
uit, maar Martijn weet niet meer wat. Het beeld staat er al zo
lang dat er mos op groeit.
Dat is een goed startpunt, denkt Martijn.
Hij schrijft op zijn blad:

Ga naar het standbeeld. Sla rechts af en volg de weg.

Dat is heel duidelijk, vindt Martijn. Zo klaar als een klontje.
Hij springt op zijn fiets en zet zijn tocht voort. Wat verderop
neemt hij een zijstraat en schrijft:

Neem de tweede straat links.

Een tijd later is de ochtend half voorbij en zijn tocht schiet lekker op. Zonet heeft hij het bootje gebruikt om de sloot over te steken. Zijn fiets lag naast hem in het bootje.

Dat wordt een echte avonturentocht. Martijn ziet het zo voor zich. Anouk die naar hem lacht. Milan die blij is dat hij een dagje niet hoeft te goochelen met die bazige Lukas. En Lukas die popelt om het geheim te ontdekken.

Martijn staat stil. Wat gek. Hij dacht juist aan Lukas en Milan en nu is het net of hij hun stemmen echt hoort. Misschien komt het doordat hij zo hard gefietst heeft. Het bonst in zijn oren.

Martijn wil verder rijden, maar dan ziet hij Lukas en Milan. Beide jongens staan op het speelplein van de wijk. Het lijkt of ze ruzie hebben. Martijn wil niet dat ze hem zien. Anders moet hij hun uitleggen waarom hij een fopdoos en een testament bij zich heeft. En dan valt zijn plan in duigen.

Martijn legt zijn fiets in het gras neer. Hij sluipt naar de klimtoren en verbergt zich daarachter. Als hij lang genoeg wacht, zullen Lukas en Milan wel weggaan. Dan kan hij zijn tocht verder uitstippelen.

Vanachter het klimrek ziet Martijn de jongens. Lukas roept iets tegen Milan. Milan schreeuwt terug. Hij maakt ook heftige gebaren. Uiteindelijk springt Milan op zijn fiets en gaat ervandoor. Lukas blijft alleen achter. Even later gaat hij er ook vandoor.

Martijn wacht nog even en fietst dan verder. Hij denkt de hele tijd aan wat hij net heeft gezien. Ondertussen slaat hij rechts af. Dat zal hij straks wel opschrijven. Hij vraagt zich af waarover Milan en Lukas ruzie maakten.

Plotseling hoort hij luid getoeter. Martijn schrikt op. Het was de vrachtwagen achter hem. Martijn zat zo diep na te denken dat hij in het midden van de weg reed. Hij gaat aan

de kant rijden, stapt af en pakt het papier. Wat was het ook alweer, denkt Martijn. Dan schrijft hij op:

Eerste straat links.

Een tijdje later zit de klus erop. Martijn kijkt tevreden naar de omgewoelde aarde onder zijn voeten. Daaronder zit de fopdoos. Hij stampt de aarde nog wat aan en haalt het testament tevoorschijn. Hij heeft net plaats genoeg voor de laatste twee zinnen:

Doe honderd stappen vanaf het begin van de weg.
Rechts ligt het geheim van de goochelaar!

Hij heeft het wel drie keer nagelopen en het klopt als een bus. Lukas zal het kistje zeker vinden. Hij kan hem gewoon niet missen. Martijn zou het kistje zelfs vinden met zijn ogen dicht. Hij heeft het begraven in de berm van een landweggetje. In de buurt zijn geen huizen, alleen weilanden. Niemand heeft hem gezien, behalve een paar koeien die nieuwsgierig dichterbij kwamen.
Martijn springt op zijn fiets. Zijn oma zal zich waarschijnlijk afvragen waar hij blijft. Maar hij moet nog één ding doen. Hij fietst snel terug richting haar huis. Ondertussen fluit hij een vrolijk deuntje. Hij rijdt de straat van zijn oma in. Dan zet hij zijn fiets tegen de muur en belt bij Lukas aan.

5 Het testament

'Jij weer?', roept Lukas uit wanneer hij Martijn ziet. 'Ben je niet alleen blind maar ook doof?'

Lukas wil de deur dichtgooien, maar Martijn steekt er snel zijn voet tussen.

'Is dat Milan?', hoort Martijn Anouk vragen.

Even later duikt ze naast Lukas op.

'Het is alleen maar die vervelende lastpost van hiernaast', zegt Lukas.

'Hallo Martijn', groet Anouk.

'We moeten nu oefenen', zegt Lukas ongeduldig tegen Martijn.

'Maar Milan is er nog niet', zegt Anouk.

'Dat wilde ik je net vertellen', zegt Lukas. 'Die moest vandaag naar het verjaardagsfeest van zijn neef, een hele dag lang.'

'Vreemd', zegt Anouk. 'Waarom heeft hij daar gisteren niets over gezegd? We hebben nog maar twee dagen om te oefenen. Nu zitten we in de puree.'

'Misschien kan ik jullie helpen', zegt Martijn.

Hij zwaait met het blad dat hij heeft opgerold. Lukas kijkt hem wantrouwig aan.

'Wat is dat?', vraagt hij.

'Dat is het testament van Barry Boudini', zegt Martijn.

'Wat?', roept Lukas uit. '**De** Barry Boudini? Opa heeft zoveel over hem verteld. Hoe kom jij aan zijn testament?'

'Mijn oma schuimt vaak rommelmarkten af', antwoordt

Martijn. 'Tussen haar spullen vond ik gisteravond het testament van Boudini.'

'Geef op', zegt Lukas.

Hij grijpt net naast de rol, want Martijn trekt het testament terug.

'Voor wat hoort wat', zegt hij. 'Laat je me dan eens zien hoe zo'n kantelkist werkt?'

'Misschien', zegt Lukas. 'Dat hangt ervan af wat we vinden.'

'Oké', zegt Martijn.

'Kom erin', zegt Lukas.

Hij kijkt vol verlangen naar de rol papier in Martijns handen. Ze gaan naar het schuurtje. Daar rolt Martijn het testament open en leest:

Testament

Aan de eerlijke vinder.
Volg deze weg en ontdek
het geheim van de goochelaar.

Barry Boudini

'De eerlijke vinders! Dat zijn wij!', roept Lukas uit.

Hij grist het blad uit Martijns handen.

'Het is een wegbeschrijving', zegt hij. 'Hij begint bij het standbeeld hier in de buurt. Wat een toeval.'

'Ja, wat een ontzettend toeval', zegt Anouk.

Ze staart daarbij zo lang naar Martijn dat hij zich er ongemakkelijk door gaat voelen.

'We verzamelen vanmiddag bij het standbeeld', zegt Lukas. 'Om twee uur stipt.'

'En Milan dan?', vraagt Anouk.

'Die is naar het verjaardagsfeest van zijn neef', zegt Lukas.

'Dat heb ik je toch verteld.'
Anouk pakt het testament.
'Echt fijn van jou, Martijn. Dat je dit testament met ons wilt
delen', zegt ze.
'Ach', zegt Martijn.
'Sommigen zouden daar een voorbeeld aan kunnen nemen',
zegt Anouk.
Lukas zegt niets. Hij kijkt heel aandachtig naar zijn
schoenen.

6 Achtervolgd

Die middag komt Martijn als eerste bij het standbeeld aan.
Het is al vijf voor twee en de anderen zijn er nog niet.
Martijn wordt ongerust. Zouden ze doorhebben dat hij hen
in het ootje neemt? Zouden ze zien dat het testament vals is?
In de verte komt iemand aan. Het is Anouk. Ze steekt haar
hand op. Aan de andere kant komt Lukas aangelopen. Hij
heeft het testament mee. Het begint goed, denkt Martijn.
Lukas draagt een rugzak alsof hij op wereldreis gaat.
'Je weet nooit wat je nodig hebt bij een speurtocht', zegt hij.
Hij opent zijn rugzak en toont wat erin zit. Drie flesjes
drinken voor de grote dorst. Vijf boterhammen met
pindakaas. Een plastic schopje om het geheim op te graven.
Een verrekijker en een stuk dik touw.
'Waarom heb je touw mee?', vraagt Anouk verwonderd.
'Dat moet je altijd bij je hebben', doet Lukas uit de hoogte.
'Dat stond in papa's boek *Hoe overleven op een eiland*.'
'Maar we gaan toch helemaal niet naar een eiland?', lacht
Anouk.
'We zullen dat touw nog nodig hebben', houdt Lukas
koppig vol. 'Wacht maar af.'
Hij rolt het testament open en leest: '*Ga naar het standbeeld.*
Daar staan we nu. *Sla rechts af en volg de weg.*'
Hij rolt het blad weer op en gaat op pad. Anouk blijft voor
het standbeeld staan. Het is een statig beeld van een
ernstige man met een sikje. Op zijn hoofd groeit mos en op
zijn neus zit vogelpoep.

'Wat heeft die man precies uitgevonden?', vraagt Anouk.
'Geen idee', zegt Lukas. 'Iets heel geleerds. Misschien één of ander medicijn.'
'Dat was het', zegt Anouk. 'Een middel tegen de jokziekte.'
'Gaan we nu verder of schieten we hier wortel?', vraagt Lukas ongeduldig.
Hij draait zich om en loopt verder.
'De jokziekte?', vraagt Martijn aan Anouk. 'Daar heb ik nog nooit van gehoord.'
'Wie dat middel opdrinkt, kan niet anders dan de waarheid spreken', zegt Anouk.
Martijn heeft dat ooit eens in een spionnenfilm gezien. Hij wist niet dat de uitvinder van dat middel uit deze buurt kwam. Nog een geluk dat hij dat drankje vandaag niet heeft gedronken. Want dan zou hij Lukas wel moeten vertellen over het valse testament. Gelukkig heeft niemand iets in de gaten, denkt Martijn.
Ze komen bij een kruispunt aan. Lukas kijkt op de kaart.
'We moeten rechtdoor', zegt hij.
Martijn gluurt mee over Lukas' schouder. Ze hebben nog een lange weg te gaan, weet hij. Maar tot nu toe loopt alles op rolletjes.
Ze lopen een heel eind door zonder veel te zeggen. Lukas gaat voorop. Het is warm en de zware rugzak doet hem zweten. Hij heeft al anderhalf flesje drinken op.
En ze zijn nog niet eens halverwege, denkt Martijn.
Ze lopen door een straat waar veel auto's geparkeerd staan.
'Stoppen we even?', vraagt Lukas. 'Ik heb dorst.'
Martijn leunt tegen een muurtje. Anouk haalt ook iets uit haar tas om te drinken. Martijn kijkt achterom.
Vreemd. Het is net of hij iemand ziet wegduiken achter een zwarte auto.

Hij knippert met zijn ogen tegen het felle zonlicht.
'Wat is er?', vraagt Anouk.
'Mag ik je verrekijker even?', vraagt Martijn aan Lukas.
Lukas haalt de verrekijker tevoorschijn en geeft hem aan
Martijn. Martijn kijkt door de glazen. Alles van ver lijkt heel
dichtbij, maar hij ziet niets bijzonders.
'Ik dacht even dat iemand ons achtervolgde', zegt Martijn.
'Laat mij eens kijken', zegt Lukas.
Hij pakt de verrekijker van Martijn af en tuurt in de verte.
'Niemand te zien. Je probeert ons alleen maar bang te
maken, Martijn.'
'Echt niet', zegt Martijn.
Lukas stopt zijn verrekijker weer weg. Het drietal loopt de
straat uit en slaat de hoek om. Martijn kijkt nog een keer
achterom. Opnieuw is het net of er iemand achter een auto
wegduikt.

7 Een rot vlot

'Ik heb honger', zegt Lukas.

Ze lopen langs een smal pad. Het is een pad dat door wandelaars en fietsers wordt gebruikt, weet Martijn. Maar nu is er niemand, behalve zij zelf. Aan de ene kant ligt de sloot, aan de andere kant is er een dichte begroeiing. Dikke struiken waarachter iemand zich gemakkelijk kan verbergen, denkt Martijn.

Hij heeft nog altijd een naar gevoel. Alsof iemand hen bespiedt. Maar hij zegt niets tegen Lukas en Anouk.

'Mijn buik rammelt', zeurt Lukas. 'Ik kan niet lopen met een lege maag.'

'Dan stoppen we even', zegt Anouk. 'Daar is een bankje.'

Lukas ploft als eerste op het bankje neer. Hij ziet zo rood als een kreeft. Hij brengt zijn drinkflesje gulzig aan zijn lippen. Het water gulpt langs zijn mond. Daarna bijt hij in zijn boterham met pindakaas.

Martijn heeft alleen een appel mee. Lukas houdt zijn boterham vast terwijl hij de wegbeschrijving bekijkt.

'Steek het water over met het bootje', leest hij.

Hij neemt nog een hap.

'Bwaar ligt dat bwootje precies?', vraagt hij met zijn mond vol.

Martijn denkt goed na voor hij antwoordt. Hij mag geen domme dingen zeggen, zoals 'Op dezelfde plaats als vanmorgen'.

'Volgens de kaart moet het hier in de buurt zijn', zegt hij.

'Bij een aanlegplaats.'

'Van wie is dat bootje eigenlijk?', vraagt Anouk.

'Oma zegt dat het van niemand is', zegt Martijn. 'En dat iedereen het mag gebruiken, zolang je het na de oversteek maar weer vastmaakt.'

'Maar het kan nu toch ook aan de overkant vast liggen?', vraagt Anouk.

Martijn schrikt. Daar heeft hij niet aan gedacht.

'Ach, we zien wel', zegt Anouk en ze bijt in haar broodje.

Achter Martijn ritselt iets in het struikgewas.

'Horen jullie dat ook?', vraagt hij.

'Begin je nu weer?', vraagt Lukas.

'Ik hoorde ook iets', zegt Anouk. 'Misschien was het een wild konijn.'

'Ja, dat was het vast', knikt Martijn. 'Een superwild konijn.' Maar hij gelooft het niet. Hij is er nu zeker van dat iemand hen achtervolgt.

'Ik vind het echt jammer dat Milan er niet bij is', zegt Anouk.

'We hebben hem toch niet nodig?', vraagt Lukas. 'Zonder Milan gaat het veel sneller.'

'Toch vind ik het jammer', houdt Anouk vol. 'Morgen is hij er toch weer? We hebben hem nodig voor onze show.'

'Zonder hem gaat het ook', zegt Lukas. 'Misschien zelfs nog beter.'

'Wat bedoel je daarmee?', wil Anouk weten.

Er ritselt opnieuw iets in de struiken. Martijn springt op. Hij sluipt naar de plek waar het geluid vandaan kwam.

'Waar ga je naartoe, Martijn?', vraagt Lukas luid.

Martijn gebaart dat hij stil moet zijn. Voetje voor voetje gaat hij naar de dikke ritselstruik. Zijn hart bonst in zijn keel, maar hij wil weten of daar iemand zit. Met een grote sprong is hij bij de struik. Hij duwt de bladeren opzij.

Niets. Zelfs geen superwild konijn.

Hij wil zich omdraaien. Dan ziet hij voetafdrukken in de omgewoelde aarde. Het zijn verse afdrukken van iemand die daar stond.

'En?', vraagt Lukas. 'Zat er een boef in het struikgewas?'

'Lach maar', zegt Martijn. 'Ik denk echt dat iemand ons achtervolgt.'

'Jij hebt te veel films gezien', zegt Lukas.

Hij veegt zijn mond af.

'Gaan we weer verder?', vraagt hij.

'Als mijn broodje op is', zegt Anouk.

Lukas popelt om te vertrekken. Maar Anouk laat zich helemaal niet opjutten. Pas als ze de laatste hap achter de kiezen heeft, staat ze op.

'Eindelijk', zegt Lukas. 'Straks kaapt een ander het geheim van Boudini voor onze neus weg.'

'Dat kan niet', zegt Martijn. 'Wij hebben het testament in handen.'

'Misschien bestaat er nog zo'n testament', zegt Lukas.

'Wie weet', zegt Martijn.

Hij hoopt dat zijn stem niet anders klinkt. Volgens zijn oma hebben liegbeesten een verdacht hoge stem.

Even later komen ze bij de aanlegplaats. Martijn stapt naar de oever. Hij schrikt. De plaats waar het bootje moest liggen, is verlaten. Het ligt ook niet aan de overkant. Het bootje drijft midden op het water. Er zit niemand in.

'Hoe kan dat nu?', roept Martijn uit.

'Iemand heeft het losgemaakt', zegt Anouk. 'En nu is het afgedreven.'

'Wacht maar tot ik diegene vind', gromt Lukas. 'Wat doen we nu?'

Martijn denkt na. Hij leest de wegbeschrijving.

'Na de oversteek moeten we door de wijk en dan bij de school rechtsaf', zegt hij. 'We lopen nu gewoon verder, steken de brug over en lopen naar de school. Vanaf daar volgen we de kaart weer.'

'Dat is een heel eind om', zegt Anouk.

'Ik heb een beter idee', zegt Lukas. 'We bouwen een vlot en peddelen naar de overkant.'

'Een vlot bouwen?', roept Anouk uit. 'Dan loop ik nog liever dat hele eind om.'

Maar Lukas is niet om te praten.

'Waar tover jij een vlot vandaan?', vraagt Martijn.

'Daar', wijst Lukas.

In het gras liggen de resten van wat ooit een vlot was.

'We moeten het alleen nog wat steviger maken', zegt Lukas. Hij rommelt in zijn rugzak en haalt er triomfantelijk het touw uit.

'Ik zei toch dat we dat nog zouden gebruiken!', roept hij.

'Die planken zijn rot', zegt Anouk.

'Ik sjor de boel wel bij elkaar', zegt Lukas.

Met zijn touw sjort hij de planken aan elkaar. Anouk en Martijn helpen mee. Lukas zegt hun voortdurend hoe het moet.

'Jouw knoop is niet goed', zegt Anouk tegen Lukas. 'Bij de scouts doen we dat anders.'

'Ik weet hoe je een vlot moet maken', zegt Lukas. 'Het stond zo in *Hoe overleven op een eiland*.'

'Wat staat er niet in dat boek?', vraagt Anouk.

'Hoe je een goede goochelshow in elkaar zet', zegt Martijn. Lukas kijkt hem boos aan. Dan zoekt hij nog twee planken uit.

'Dat zijn onze peddels', zegt hij. 'En nu naar de overkant.'

'Als dat maar goed gaat', zegt Anouk.

8 Een stommiteit

'Ik ben de schrik van de zee!', roept Lukas. 'Een woeste piraat die de golven verslaat!'
Hij laat zijn peddelplank met een klap op het water neerkomen. Het water spat in het rond. Het vlot wiebelt gevaarlijk heen en weer.
'Sta nou stil', zegt Anouk.
Ze heeft ook een plank in haar handen. Het vlot bevindt zich halverwege de sloot.
Nog even en ze hebben het gehaald, denkt Martijn.
Zijn voeten zijn nat.
'Wat een fantastisch vlot', zegt Lukas. 'Ik kan sjorren als de beste. Zie je wel dat ik gelijk heb. Ik heb altijd gelijk.'
Straks zing je wel een toontje lager, denkt Martijn. Net goed.
'Zwijgen en peddelen', zegt Anouk tegen Lukas. 'Volgens mij houdt dit vlot het niet lang meer uit.'
Martijns voeten worden steeds natter. Anouk peddelt zo snel ze kan. Lukas kan haar tempo amper volgen. Eindelijk bereiken ze de oever. Anouk springt als eerste aan land.
'We hebben het gehaald', zegt ze opgelucht.
Ze steekt haar hand uit naar Martijn en trekt hem snel aan wal. Lukas staat nu alleen op het vlot.
'Jouw schuit maakt water', zegt Anouk. 'Het ding kan het elk moment begeven.'
'Onzin', zegt Lukas. 'Mijn vlot is zo stevig als wat.'
Om zijn woorden kracht bij te zetten, maakt hij een sprong.

En dan gebeurt het. Op het moment dat zijn voeten op het vlot neerkomen, breken twee planken. Lukas zakt dwars door het vlot in het vieze slootwater. Anouk barst in lachen uit.

'Het zit je niet mee, schrik van de zee', giert ze.

Martijn lacht mee. Het gezicht van Lukas lijkt op een donderwolk. Anouk kan niet ophouden met lachen. Ze rolt over het gras terwijl ze haar buik vasthoudt.

Martijn trekt Lukas aan land. Het water druipt van zijn kleren. Lukas haalt iets slijmerigs uit zijn haar. Ook zijn rugzak is doorweekt. Anouk krijgt opnieuw een lachstuip als ze de natte boterhammen met pindakaas ziet.

'Sorry', hikt ze. 'Ik kan het echt niet helpen.'

Martijn lacht niet meer mee. Zoals Lukas daar staat, is hij eigenlijk een beetje zielig. Lukas doet zijn T-shirt uit en

wringt het uit. Zijn natte sokken stopt hij in zijn rugzak.
Eindelijk is Anouk gestopt met lachen. Maar even later
begint ze opnieuw. Want bij elke stap die Lukas zet, klinkt
het sopgeluid van zijn natte sportschoenen. *Swoesj-swoesj.*
Anouk veegt de tranen uit haar ogen.

'Wat een maffe tocht', zegt ze met een knipoog tegen
Martijn. 'Mijn dag kan niet meer stuk. Zelfs al vinden we
geen geheim.'

'Als we niets vinden, is mijn dag verpest', gromt Lukas.
Martijn vraagt zich af waarom Anouk naar hem knipoogde.
Misschien zat er een vuiltje in haar oog?

Het drietal loopt voorbij de school die in de woonwijk ligt.
Lukas dropt zijn natte boterhammen in een vuilnisbak.
'Jammer', zegt hij.

Anouk maakt een geluid dat tussen een hoest en een
lachstuip in ligt. Ze zegt ook iets over *Hoe NIET overleven op
een eiland.* Maar gelukkig heeft Lukas dat niet gehoord.
Martijn kijkt op de wegbeschrijving. Ze zijn al goed
opgeschoten. Nu lopen ze langs het speelplein waar Lukas
en Milan ruzie hadden.

'Wat een leuk plein', begint Martijn ineens tegen Lukas.
'Kom je hier vaak?'

'Nee', bromt Lukas.

De vis heeft niet toegehapt, denkt Martijn. Lukas heeft niets
over de ruzie verklapt.

Ze laten het speelplein achter zich. Lukas zet er stevig de pas
in. Bij de volgende straat gaat hij linksaf. Martijn stopt.
Die straat moeten ze helemaal niet hebben. Lukas zal zich
vergist hebben.

'Wacht even', zegt Martijn. 'Ik denk dat we rechtsaf
moeten.'

'Hoezo?', vraagt Lukas. 'Hier staat dat we linksaf moeten.'

Martijn kijkt naar het blad. Het klopt wat Lukas zegt.
Volgens de beschrijving moeten ze naar links. Maar dat is
niet de weg die hij uitgestippeld heeft. Wat een vreselijke
stommiteit. Hij heeft zich vergist in de richting. En hij kan
daar niets over zeggen, anders verraadt hij zichzelf. Er zit
niets anders op dan de nieuwe weg te volgen. Dit loopt mis,
denkt Martijn.
'Neem dan de tweede straat links', leest Anouk.
Ze kijkt voor zich.
'Die weg gaat naar het Fluisterbos', zegt ze.
Martijn staat stil. Hij wil helemaal niet door dat enge bos.
En nu moet hij wel, door zijn eigen stomme schuld.
'Misschien kunnen we eromheen in plaats van erdoor?',
probeert hij.
'Geen omwegen', zegt Lukas. 'Anders raken we de weg
kwijt.'
'We moeten die beschrijving volgen', zegt Anouk. 'Boudini
brengt ons naar zijn grote geheim.'
Martijn kijkt op. Het is net of Anouk weer een lachbui krijgt.
En hij weet niet wat er nu zo grappig is. Het gesop van
Lukas' schoenen is al een tijdje gestopt.
'Op naar het Fluisterbos', zegt Anouk opgewekt.
Martijn kan het bos zien. Het ligt op hem te wachten. Een
donker bos dat het zonlicht tegenhoudt. En waar de bomen
tussen hun takken door geheimen fluisteren.

9 De schim

'Daar staat iemand', zegt Anouk. 'Het is net of hij ons opwacht.'
Martijn had de man eerst niet gezien. Hij draagt een groene trui en broek. Hij heeft stevige wandelschoenen aan. De man staat precies bij de ingang van het bos. Alsof hij hun zo meteen entreegeld wil vragen.
'Ik vind hem best griezelig', zegt Martijn. 'Kunnen we ons niet gewoon omdraaien?'
'Dan raken we de weg kwijt', zegt Lukas. 'Misschien is die man zelf verdwaald.'
Ze zijn nu vlak bij het bos.
'Hallo', zegt Anouk tegen de man.
Hij doet een pas opzij en verspert hun de weg.
'Jullie mogen het bos niet in', zegt hij.
'Waarom niet?', vraagt Lukas.
'Dit is een wandelbos en geen speelbos', zegt de man kortaf.
'Maar we zijn helemaal niet van plan om daar te spelen', zegt Anouk.
'Dat zeggen ze allemaal', zegt de man. 'En dan breken ze takken af om een kamp te bouwen. Sommige kwajongens stoken zelfs een vuurtje.'
'Wij niet', zegt Martijn. 'Daar hebben we geen tijd voor.'
'We zijn op jacht naar iets bijzonders', zegt Lukas.
'Op jacht? Op jacht?', roept de man verontwaardigd. 'Jullie gaan toch geen eekhoorns beschieten met een katapult?'

'Helemaal niet', zegt Lukas. 'Mogen we er nu door, alstublieft? We hebben haast.'

De man kijkt hen één voor één aan. Dan doet hij een stap opzij.

'Ik houd jullie in de gaten', zegt hij. 'Als je dat maar weet.'

Martijn stapt langs de man het bos in. Het is alsof hij de ogen van de man in zijn rug voelt branden.

Het is fris in het bos.

'Het is hier zo stil', fluistert Martijn.

Onder zijn voeten kraken droge takken. Hij loopt in het midden. Lukas loopt voorop en Anouk sluit de rij. Ze volgen een smal paadje dat door het bos slingert. Volgens het testament moeten ze alsmaar rechtdoor blijven lopen tot ze bij een straat komen.

Martijn weet niet waar de route hen zal brengen. Eén ding weet hij wel. Het is niet naar zijn fopdoos. Want die bevindt zich helemaal de andere kant op.

'Komt hij achter ons aan?', vraagt Martijn.

Anouk draait zich om.

'Ik zie hem niet', zegt ze.

Martijn wel. Hij denkt dat de man overal is. Achter een dikke boomstam of achter een struik. Hij wordt een beetje bang. Het bos kraakt. Het lijkt wel of de takken fluisteren: 'Eigen schuld, dikke bult.' Martijn kijkt achterom. Hij ziet een schim die achter een boom wegduikt.

'We worden nog altijd achtervolgd', fluistert hij.

Martijn is er nu rotsvast van overtuigd.

'Dat is vast dat superwilde konijn van daarstraks', zegt Lukas spottend.

Lukas en Anouk gieren het uit. Zo luid dat het bos helemaal stil wordt. Het ritselt niet meer. Nergens vliegt een vogel op.

'Het is hier veel te stil', zegt Martijn.

'Boe!', gilt Anouk in zijn oor.

Martijn wipt omhoog. Lukas en Anouk brullen van het
lachen. Martijn vindt het helemaal niet leuk.

Ineens staat hij stil. Daardoor botst Anouk tegen hem op.
'Waarom stop je?', vraagt ze.

'Daar staat een huisje, midden in het bos', wijst Martijn.
Het is een kleine blokhut. Naast de hut ligt een houtstapel.
'Dat heb ik nooit eerder opgemerkt', zegt Lukas. 'Dat kan
hier nog niet zo lang staan.'

'Zou er iemand wonen?', vraagt Anouk.

'Je mag toch niet zomaar midden in het bos wonen', zegt
Martijn. 'Het kan een voorraadplek zijn voor de boswachter.
Of voor mensen die vogels bekijken.'

Het pad loopt langs het huisje. Lukas staat stil.

'Ik wil wel eens naar binnen gluren', zegt hij.

'Doe maar niet', zegt Martijn.

'Waarom niet?'

'Je weet maar nooit', zegt Martijn. 'Misschien woont die enge man hier wel.'

Hij wil zo snel mogelijk dit bos uit. Weg van de fluistertakken. Weg van het griezelige huisje waar misschien iemand woont. Weg van de ogen die door de struiken naar hem loeren.

'Ik ben ook best nieuwsgierig', zegt Anouk.

'Ga dan snel kijken', zegt Martijn gejaagd. 'Ik wacht hier wel.'

Hij ziet hoe Lukas en Anouk het pad af gaan in de richting van het huisje. Het tweetal gluurt naar binnen. Dan lopen ze eromheen. Vanwaar Martijn staat, kan hij hen niet meer zien. Hij zucht en gaat op een omgevallen boomstam zitten. Hoe moet het nu verder, vraag hij zich af. De verkeerde weg stuurt hen naar een onbekende plek. Daar zullen ze graven en helemaal niets vinden. Waarschijnlijk wordt Lukas dan ontzettend boos. En misschien is Anouk toch teleurgesteld. En hij zal niet eens kunnen lachen om het geschrokken gezicht van Lukas.

Martijn laat zijn hoofd in zijn handen rusten en sluit zijn ogen.

'Au!', roept hij.

Er kwam iets hard tegen zijn achterhoofd aan. Achter hem klinkt een plof. Martijn draait zich om. Er ligt een dikke dennenappel op de grond. Martijn raapt hem op en komt overeind. Hij kijkt om zich heen. Dan hoort hij gelach. Lukas en Anouk komen zijn richting uit gerend.

'We zijn op de vlucht voor die enge man!', lacht Anouk.

'Er was in dat huisje helemaal niets te zien', zegt Lukas. 'Er stond niet eens een tafel.'

Martijn steekt de dikke dennenappel in de lucht.

'Hebben jullie die naar mijn hoofd gegooid?', vraagt hij
boos.
'Ben je mal?', zegt Anouk.
'Dat ding viel gewoon uit een boom', zegt Lukas. 'Mijn oom
heeft ooit eens een kastanjebolster op zijn kale kruin
gekregen. Dat was nogal pijnlijk.'
'Gaan we verder?', vraagt Anouk.
Martijn kijkt naar boven. De boom waaronder hij daarnet
zat, is geen dennenboom. De dennenappel kan onmogelijk
naar beneden gevallen zijn. Bovendien viel de dennenappel
niet pal op zijn kruin. Hij raakte zijn achterhoofd.
'Dennenappels vallen niet in een boog naar beneden', zegt
Martijn kortaf.
Er is maar één andere mogelijkheid. Iemand heeft die
dennenappel gegooid. En als Lukas en Anouk het niet
deden, was het iemand anders. Martijn slikt. De andere twee
zijn al een eindje verder. Martijn spurt hen achterna. Hij wil
niet alleen achterblijven in dit bos. Iemand gooide de
dennenappel tegen zijn hoofd. Dat weet hij zeker.
Misschien was het de norse man wel. Of anders degene die
hen al de hele tijd achtervolgt.

10 Het spookhuis

Aan het eind van het pad duikt het zonlicht op. Eindelijk,
denkt Martijn, we zijn bijna dit akelige bos uit. Lukas en
Anouk hadden er veel lol in om beurtelings een eng liedje te
verzinnen. Martijn heeft er schoon genoeg van. En hij baalt
er ook van dat hij niet weet hoe hij ze nu naar de juiste plek
moet leiden.
'Ik heb dorst', zegt Lukas.
Hij haalt een flesje uit zijn rugzak. De zak is nog steeds nat.
'Neem mijn flesje maar', zegt Anouk. 'Je weet nooit of er
vuil water in de jouwe terecht is gekomen. Daar kan je ziek
van worden.'
Lukas neemt het flesje van Anouk.
'Dat is waar', geeft hij toe. 'Je mag nooit zee- of slootwater
drinken. Dat staat in *Hoe overleven op een eiland*.'
'Dan klopt er toch nog iets aan dat boek', lacht Anouk.
'Hé', zegt Lukas verontwaardigd. 'Alles klopt aan dat boek.'
Hij somt een waslijst van weetjes op. Martijn luistert niet.
Hij staart met het testament in zijn handen voor zich uit.
Het pad komt uit op een straat. Volgens de beschrijving
moeten ze die straat volgen, links afslaan en dan honderd
passen doen. Daar zou het geheim op hen wachten.
Martijn laat de anderen achter en loopt alleen verder. Hij
slaat links af. Dan ziet hij waar het testament hen zal
brengen. Van schrik laat hij het blad uit zijn handen vallen.
Hij weet ongeveer hoeveel honderd passen zijn. Hij heeft die
afstand deze ochtend wel drie keer nagelopen. Aan de

rechterkant van de straat staat maar één huis. Het is oud en vervallen. Het onkruid in de voortuin staat meters hoog. De klimop is door de kapotte ramen naar binnen geklommen. De houten luikjes zitten los. Eentje beweegt piepend heen en weer door de wind. *Kriep, kriep.* Op het dak zitten enkele kraaien.

Martijn kan het niet geloven. Hoeveel pech kan hij hebben? De beschrijving brengt hen rechtstreeks naar dit sombere huis. Het is net een spookhuis.

'Daar ben je!', hijgt Anouk. 'Waarom ging je er ineens vandoor zonder iets te zeggen?'

'Wil je het geheim van Boudini soms in je eentje inpikken?', vraagt Lukas wantrouwig.

'Helemaal niet', zegt Martijn.

Hij raapt het testament op.

'Ik vraag me alleen af of het geen tijd is om naar huis te gaan', zegt hij. 'Jullie moeten nog veel oefenen voor die goochelshow.'

Lukas rukt het testament uit Martijns handen.

'Maar we zijn vlakbij!', roept hij uit. 'En misschien vinden we wel een goocheltruc die niemand anders kent.'

'We zijn al een hele tijd onderweg', zegt Martijn. 'Misschien kunnen we morgen terugkeren en ...'

'Je maakt een grapje', zegt Anouk. 'Het geheim ligt op amper honderd passen hiervandaan, aan de rechterkant.'

Lukas wacht niet eens op de anderen. Hij is de afstand al aan het afstappen.

'Eenenveertig, tweeënveertig, drieënveertig ...', hoort Martijn hem zeggen.

Anouk volgt hem op de voet. Martijn kan niet anders dan meegaan. Elke stap brengt hen dichter bij het spookhuis. Het luikje kleppert opnieuw. *Kriep, kriep.* De kraaien heffen hun zwarte koppen op en kijken nieuwsgierig toe.

'Negenennegentig, HONDERD!', roept Lukas.

Hij staat ongeveer ter hoogte van het vervallen huis en kijkt naar rechts.

'Daar moeten we zijn', wijst hij.

'Misschien heb je niet goed geteld', probeert Martijn.

'Misschien ligt het geheim in dat veldje ernaast.'

Maar zowel Lukas als Anouk tellen het nog eens na. Ze komen allebei bij het huis uit.

'Hier is het en nergens anders', zegt Lukas.

Hij kijkt naar het huis.

'Zou Boudini hier gewoond hebben?', vraagt hij zich hardop af. 'Dat heeft opa me nooit verteld.'

'Wat doen we nu?', vraagt Martijn.

'Naar binnen gaan, natuurlijk', zegt Anouk. 'Op zoek naar het geheim.'

Voor de anderen haar kunnen tegenhouden, stapt ze op het verlaten huis af.

'Kom terug, Anouk', zegt Lukas. 'We moeten eerst een plan bedenken.'

Met tegenzin keert Anouk weer om.

'Ik stel voor dat we elk een stuk van het huis doorzoeken', zegt Lukas. 'Dat gaat sneller.'

'Ik neem de eerste verdieping', zegt Anouk. 'Lukas neemt de benedenverdieping en Martijn de zolder.'

'De z-zolder?', stottert Martijn. 'Ik help liever mee met Anouk. Dan is ze minder bang.'

'Bang? Ik ben helemaal niet bang!', roept Anouk uit.

'Stil nou', zegt Lukas. 'Je weet nooit of hier iemand is.'

Martijn wordt nog banger. Hij was de geheime achtervolger even vergeten. Nu moet hij daar opnieuw aan denken.

'Volg me', zegt Lukas.

Hij sluipt door het hoge gras naar het huis. Ineens vliegt een kraai krassend op. Van schrik ploft Martijn languit in het gras neer.

'Dat was maar een vogel', zegt Anouk en ze trekt Martijn overeind.

Het drietal staat voor de houten deur van het huis. De verf is afgebladderd en de deur hangt uit zijn hengsels.

Iedereen kan hier naar binnen, denkt Martijn. Iedereen. Ook geheimzinnige achtervolgers.

'Kom je?', vraagt Anouk.

Martijn gaat met de anderen naar binnen. De hal is leeg. Er ligt alleen een vuile, oude jas op de grond.

Van wie zou die jas zijn?, denkt Martijn. En zou de eigenaar van de jas hier nog rondlopen?

Martijn en Anouk sluipen de trap op naar boven. Overal hangen spinnenwebben. De treden zijn vermolmd. Buiten kleppert het luikje nog altijd.

Martijn houdt het bijna niet meer uit. Hij heeft allang spijt dat hij de tocht heeft bedacht.

Anouk loopt voorop. Ze duwt de deur van de eerste kamer open. Die maakt een piepend geluid. In de kamer staat alleen een kast met een wit laken erover. Martijn wil zich omdraaien en de kamer uit lopen, maar Anouk houdt hem tegen.

'We moeten toch in die kast kijken?', zegt ze.

Dat wil Martijn niet. In een spannende film zit er altijd iets engs in een kast. Hij wil de kast niet eens aanraken.

'Misschien zit het geheim wel in die kast', zegt Anouk.

Ze pakt een punt van het laken vast.

Straks springt er iemand uit, denkt Martijn. Iemand die luid 'Boe!' roept. Net zoals Anouk in het bos.

'Niet doen!', zegt hij. 'Het geheim zit daar echt niet in.'

'Hoe weet jij dat?', vraagt Anouk met het puntje van het laken in haar hand.

Martijn buigt zijn hoofd. Hij voelt zich rood kleuren.

'Nou?', dringt Anouk aan. 'Hoe weet jij dat het geheim hier niet in zit?'

'Omdat ...', begint Martijn.

Dan klemt hij zijn lippen op elkaar.

'Omdat wat?', vraagt Anouk.

'Omdat ik het testament maakte', fluistert Martijn. 'We zoeken op de verkeerde plek.'

Anouk laat het laken los. Martijn vertelt haar alles. Over hoe boos hij was dat hij niet mee mocht goochelen. Over de fopdoos voor Lukas die ergens anders verstopt ligt. Over het lege boekje van Boudini dat hem op het idee bracht.

Anouk zal vast heel boos zijn, denkt hij, en het hele verhaal aan Lukas vertellen.

Maar ze doet niets van dat alles.

'Ik dacht vanaf het begin dat dat testament van jou kwam', zegt Anouk. 'Eerlijk gezegd stak het wat klungelig in elkaar. En het leek me allemaal iets te toevallig.'

'Dus jij speelt het spelletje al de hele tijd mee?', roept Martijn uit. 'Ben je dan niet boos?'

'Waarom?', vraagt Anouk. 'Dit is de leukste tocht die ik ooit gelopen heb. En ik vind het niet erg dat je Lukas in de maling neemt. Hij verdient het eigenlijk wel een beetje.'

'Dus je gaat me niet verraden?', vraagt Martijn.

'Beloofd', zegt Anouk.

Net als Martijn denkt dat het goed komt, hoort hij beneden een luide kreet.

11 De indringer

Martijn en Anouk stormen de trap af naar beneden. Ze rennen naar de plek waar de gil vandaan kwam.

In de keuken staat Lukas. Hij ziet krijtwit.

'Er is nog iemand in dit huis', fluistert hij. 'Er bewoog daarnet iets langs de deuropening naar de woonkamer. En jullie zaten boven.'

Lukas wijst naar het deurgat zonder deur. Daarachter ligt de woonkamer. Het is er vrij donker. Martijn weet hoe dat komt. Het rolluik aan de voorkant is naar beneden. Dat zag hij daarnet vanaf de straat.

Anouk gaat naar het deurgat. Ze steek haar hoofd naar binnen.

'Ik zie geen steek', zegt ze. 'Komen jullie ook?'

Lukas en Martijn kijken elkaar aan.

'Ga jij maar eerst', zegt Lukas.

'Nee, nee, ga jij maar eerst', antwoordt Martijn.

Uiteindelijk gaan de jongens tegelijk door de deuropening. Anouk sluipt door de woonkamer. De jongens volgen haar op de voet. Er komt alleen maar wat licht door de gaatjes in het rolluik. Na een poosje went de duisternis. Martijn kan nu een paar dingen onderscheiden. Midden in de ruimte staat een eenzame bank. Aan het andere eind van de kamer is een deur. Die staat op een kier en komt uit op de hal.

'Zien jullie dat ook?', fluistert Anouk.

Martijn knikt. Dan bedenkt hij dat Anouk dat waarschijnlijk niet ziet in de duisternis.

'Ja, daar is een deur.'

'Dat bedoel ik niet', fluistert Anouk. 'De deur staat op een kier. Daarnet was die nog dicht, toen we door de hal naar boven liepen.'

Martijn staat stil.

'Dat betekent dat er ... dat er ...'

'Iemand door het huis sluipt', zegt Lukas.

'Ik zei jullie toch dat we achtervolgd werden', piept Martijn.

'Stil!', zegt Anouk. 'Luister.'

Nu hoort Martijn het ook. Boven zijn hoofd kraken de planken. Er loopt iemand in de kamer op de eerste verdieping. De kamer waar de kast staat met het witte laken erover.

Ineens hoort Martijn geen voetstappen meer.

'Naar boven!', zegt Anouk. 'We zullen die indringer eens laten schrikken.'

Martijn vraagt zich af wie het hardst zal schrikken. De geheime achtervolger of hij zelf.

'Misschien moeten we gewoon naar buiten gaan', zegt hij. 'Weg van dit spookhuis.'

'Spoken bestaan niet', zegt Anouk.

'Van wie zijn die voetstappen dan?', vraagt Lukas.

'Dat komen we zo te weten', antwoordt Anouk.

Met twee treden tegelijk neemt ze de trap naar boven.

Martijn aarzelt, maar gaat Lukas en Anouk dan toch achterna.

Het drietal staat samen op de overloop. Anouk houdt haar hoofd schuin. Martijn luistert ook. Het is stil boven.

'Hij is ervandoor', zegt Martijn opgelucht.

'Dat is onmogelijk', zegt Anouk. 'Hij kan alleen maar langs de trap naar beneden gaan. En we hebben niemand gezien.'

'Dan heeft hij zich boven verstopt', fluistert Lukas.

Anouk knikt. Ze legt haar vinger op haar lippen en gebaart
dat de jongens haar moeten volgen. Ze sluipen over de
overloop en komen bij de eerste kamer.

De kamer met de kast, denkt Martijn.

Met één vinger duwt Anouk tegen de deur. Die gaat piepend
open.

Martijn schrikt. Het laken hangt niet meer over de kast. Het
ligt nu op de grond. Als een slapend spook. En de kastdeur
staat op een kier.

Martijn wijst naar de kast. Lukas en Anouk knikken. Voetje
voor voetje stappen ze op de kast af. Het is een grote,
donkere kledingkast met houtsnijwerk. De kop van een
leeuw volgt alles wat ze doen.

Die is vast antiek, denkt Martijn. Een antieke kast met een
duister geheim erin.

De kast heeft een grote deur. In die deur zit een sleutel.
Anouk grijpt de sleutel vast. Met een ruk doet ze de kast
open. En dan gilt iedereen om het hardst, want er springt
iemand uit de kast.

Anouk is de eerste die begint te lachen.

'Milan!', roept ze uit. 'Wat doe jij hier?'

12 In de put

Milan klopt het stof van zijn kleren.
'Ik heb jullie de hele tijd achtervolgd', zegt hij.
'Zie je wel!', roept Martijn uit. 'Ik had gelijk! Jij was degene
die achter een auto wegdook.'
'Dat scheelde maar een haartje', geeft Milan toe. 'Daarna
luisterde ik jullie af bij de sloot. Ik maakte het bootje los om
tijd te winnen. Terwijl jullie het vlot maakten, ben ik snel het
hele eind om gefietst over de brug.'
'Dankzij jou heb ik dus een nat pak', gromt Lukas.
'En ik gooide de dennenappel', zegt Milan. 'Maar die was
voor Lukas bedoeld, niet voor jou, Martijn.'
'Ook bedankt!', zegt Lukas knorrig.
'Waarom volg je ons eigenlijk?', vraagt Anouk verbaasd. 'Je
moest vandaag toch de hele dag naar het verjaardagsfeest
van je neef? Daarom kon je niet mee oefenen voor de
goochelwedstrijd.'
Milan kijkt boos naar Lukas.
'Daar is niets van waar. Heeft Lukas jullie dan niks over onze
ruzie verteld?', vraagt hij.
Lukas doet of zijn neus bloedt.
'Lukas en ik kregen vanochtend ruzie op het speelplein',
begint Milan.
'Door jouw schuld', onderbreekt Lukas.
'Laat hem nou zijn verhaal doen', wil Anouk.
'Het begon met onze groepsnaam', zegt Milan. 'Ik was het
daar niet mee eens: De Grote Lukas Show.'

'Wat?', zegt Anouk tegen Lukas. 'Dat hadden we zo niet afgesproken.'

'Het is míjn show, dus hij moet míjn naam dragen', zegt Lukas korzelig.

'Bovendien wil Lukas alles zelf doen', zegt Milan. 'Terwijl het keer op keer mislukt.'

'Niet waar', zegt Lukas.

'Martijn goochelt veel beter dan jij', zegt Milan. 'Toch laat je hem niet meedoen. Ben je misschien bang dat hij je plaats inpikt?'

Lukas zegt niets.

Milan draait zich om naar Anouk en Martijn.

'Ik hoorde van Lukas' moeder dat jullie bij het standbeeld hadden afgesproken', zegt hij. 'Ik besloot jullie stiekem te achtervolgen. Ik wilde graag weten wat jullie gingen doen. Van Lukas mocht ik nergens meer aan meedoen. Dat zei hij vanmorgen na onze ruzie.'

'Wat?', roept Anouk opnieuw uit tegen Lukas. 'Heb jij Milan uit onze groep gegooid?'

'Nou en?', zegt Lukas. 'Twee is nog altijd genoeg voor een show.'

'Twee?', zegt Anouk. 'Vergeet het maar, Lukas. Je staat er helemaal alleen voor. Ik ben je streken zat.'

'Maar er moet iemand in de kantelkist', schrikt Lukas.

'Los het zelf maar op', zegt Anouk. 'Misschien moet je maar een konijn nemen.'

'Goed dan!', zegt Lukas nors. 'Dan zoek ik wel een andere truc. Ik vind het geheim van de goochelaar. En ik word de beste goochelaar van de hele wedstrijd.'

'Dan zal er nog veel moeten gebeuren', zegt Milan.

'Ik heb jullie helemaal niet nodig', zegt Lukas.

Hij is zo boos dat hij keihard op de vloer stampt. Ineens

klinkt een luid gekraak, gevolgd door een stofwolk. Als Martijn opkijkt, is Lukas weg.

'Hij heeft zich weg gegoocheld!', roept Martijn.

'Welnee', zegt Anouk.

Ze buigt zich over de plankenvloer. Er zit een gat in.

'Daar zat een luik', zegt ze. 'Met eronder een holle ruimte. Dat luik hebben we niet gezien. Lukas is erdoor gezakt.'

Anouk gaat op haar knieën zitten en roept: 'Alles goed met je, Lukas?'

Uit het gat klinkt gehoest.

'Ja', zegt Lukas. 'Ik heb alleen mijn arm geschaafd.'

Martijn kijkt door het gat. De stem van Lukas is niet vlakbij. De bergruimte is vrij diep.

'Kun je er zelf uit klimmen?', vraagt Anouk.

'Nee!', roept Lukas.

'Jammer', zegt Anouk. 'Want wij gaan ervandoor. Je hebt ons toch niet nodig.'

Martijn schrikt. Hij vindt dat Anouk te ver gaat. Lukas zit letterlijk in de put. En eigenlijk is dat zijn schuld. Zonder het testament zou Lukas nooit in het gat zijn gevallen.

Anouk stampt de kamer uit, Milan volgt haar.

'Wacht!', roept Lukas. 'Laat me niet in de steek!'

'Daar had je eerder aan moeten denken', zegt Anouk.

Martijn gaat voor Anouk staan.

'Je kunt Lukas daar toch niet achterlaten', zegt hij.

'Dat was ik ook niet van plan', fluistert ze. 'Maar dat weet Lukas niet.'

Uit het gat komt luid geschreeuw.

'Kom terug!', roept Lukas. 'Jullie weten niet eens waarom ik zo doe.'

Anouk keert samen met de twee jongens terug. Ze steekt haar hoofd door het gat.

'Waarom dan?', vraagt ze.

Het blijft even stil beneden. Dan zegt Lukas: 'Voor mijn opa, ik doe het allemaal voor mijn opa. Vorig jaar kreeg hij iets aan zijn hart. Sindsdien zit hij in een rolstoel. Hij heeft al zijn goochelspullen aan mij gegeven. En ik wil hem niet teleurstellen. Opa zal zaterdag in de zaal zitten ...'

Lukas schraapt zijn keel.

'Mijn opa zegt altijd dat ik zijn enige opvolger ben', zegt hij. 'Ik heb geen neefjes of nichtjes ...'

Martijn hoort hoe Lukas zijn neus snuit. Het blijft een tijdje stil.

'Nu heb ik niemand meer om weg te toveren', zegt Lukas. 'Zelfs geen konijn.'

Martijn is de eerste die zijn hand uitsteekt.

'Kom Lukas', zegt hij. 'Ik trek je wel naar boven.'

Anouk en Milan grijpen de andere arm van Lukas. Na wat getrek en gesleur staat hij eindelijk boven.

'Sorry', zegt Lukas. 'Ik heb het helemaal verknoeid. Nu komt er geen show. Hoe leg ik dat aan mijn opa uit?'

'Ik wil nog steeds meedoen', zegt Martijn. 'Ik zal de Grote Lukas heus niet in de weg lopen.'

Lukas glimlacht een beetje schaapachtig.

'Dan doe ik ook weer mee', zegt Anouk. 'Als Milan er weer bij mag.'

Lukas knikt.

'Oké', zegt Milan. 'Maar ik wil nog steeds een andere groepsnaam.'

'Wat dacht je van *The Magic Misters*?', vraagt Martijn.

'Ahum', doet Anouk.

'Juist', zegt Martijn. '*The Magic Four* dan? We zijn met zijn vieren.'

Daar kunnen ze zich allemaal in vinden.

'Ik wil hier weg', zegt Milan. 'In dit oude huis is helemaal geen geheim verborgen.'

'Jammer', zegt Lukas.

Ineens bukt hij zich en raapt iets op. Het is een klein zwart boekje. Martijn voelt in zijn achterzak. Het boekje moet eruit gevallen zijn toen hij Lukas daarnet naar boven hees. '*Het geheim van de goochelaar!*', roept Lukas verrukt uit. 'Dat staat op het kaft. Het boekje zat ergens tussen die gebroken planken verstopt! Dankzij mij hebben we het ontdekt.'

'Hoe kan dat nou?', fluistert Anouk in Martijns oor.

'Het is uit mijn zak gevallen', zegt Martijn zacht.

Milan gaat naast Lukas staan.

'Wat staat erin?', vraagt Anouk.

'Niets', zegt Milan teleurgesteld. 'Er staat helemaal niets in.'

'Dat dacht je maar', zegt Lukas. 'Goochelaars schrijven met onzichtbare inkt. Wisten jullie dat niet?'

13 Het geheim

Tijdens de terugtocht jaagt Lukas de anderen op.
'En nu naar huis', zegt hij. 'Dan kan ik de boodschap in
onzichtbare inkt ontcijferen.'
'Hoe doe je dat?', vraagt Martijn.
Hij gelooft niet dat Barry Boudini een onzichtbare
boodschap heeft achtergelaten.
'Door elk blaadje onder een vuurtje te houden', zegt Lukas.
'Door de warmte wordt de inkt bruin. En dan kan je de
boodschap lezen.'
'Spannend', vindt Milan.
'Verwacht er maar niet te veel van', zegt Martijn.
Hij denkt aan de fopdoos. Die zal hij morgen opgraven.
Misschien kan hij Anouk ermee foppen. Lukas niet. Die
heeft voorlopig zijn portie wel gehad.
Milan fietst traag naast de anderen. Af en toe neemt hij
iemand mee achterop. Het viertal is nu vlak bij het
Fluisterbos.
'Hier mogen geen fietsen rijden', zegt Martijn tegen Milan.
'Straks duikt de groene griezel weer op.'
'Wie is dat?', vraagt Milan.
'Een norse man die daarnet wat moeilijk deed', zegt Anouk.
'Vreemd', zegt Milan. 'Ik heb die kerel niet gezien. Terwijl ik
toch vlak achter jullie zat.'
'Misschien was hij al weg toen jij bij het bos aankwam', zegt
Lukas.
Ze lopen het bos in. Vanuit zijn ooghoeken ziet Martijn iets

weg flitsen. Een muis misschien, of een bosrat.

'Roekoe, roekoe', doet een bosduif. Ze vliegt op.

Ze komen bij de plek waar de boshut staat. Martijn blijft achter. Hij speurt de grond af.

Milan heeft nog iets van hem tegoed. Hij zal er wel om kunnen lachen, denkt Martijn.

Hij bukt zich om een dikke dennenappel op te rapen.

Achter hem kraken takken. Martijn draait zich om. Hij kijkt recht in het gezicht van de groene griezel.

'Dacht ik het niet!', gromt de man. 'Vuurtjes stoken en takken afbreken.'

Martijn kijkt naar links. Naast een omgevallen boomstronk heeft iemand een kamp gebouwd. Op een vuurtje ligt iets te smeulen.

'Dat is niet van ons', zegt Martijn.

'Dat zeggen ze allemaal', zegt de man.

Hij komt dreigend dichterbij en zwaait met een stok.
Martijn draait zich om.
'Rennen!', roept hij naar de anderen.
Ze zetten het allemaal op een lopen. Milan springt op zijn
fiets en is als eerste het bos uit. Martijn is de laatste. Hijgend
draait hij zich om. De man staat voor het bos. Hij kijkt hen
lange tijd na. Dan is hij weg.

Eindelijk komen ze bij het huis van Lukas aan. Lukas wacht
niet eens tot Milan zijn fiets geparkeerd heeft. Haastig loopt
hij achterom. De anderen volgen hem. De vader van Lukas
staat in de keuken. Lukas gaat naar binnen.
'Heb je een vuurtje?', vraagt Lukas aan zijn vader.
'Je gaat toch niet roken, jongen?', vraagt zijn vader.
'Nee hoor', lacht Lukas. 'We moeten een geheime
boodschap ontcijferen.'
'Dan is het goed', zegt zijn vader.
Hij tast in de keukenla en geeft een aansteker aan Lukas.
'Die wil ik wel terug', zegt hij.
'Komt voor elkaar', knikt Lukas.
Met de aansteker in de ene hand en het zwarte boekje in zijn
andere, beent hij naar het schuurtje. Martijn ziet dat het
waarschuwingsbriefje nog altijd op de deur hangt.

VERBODEN TOEGANG!
NIET BINNENKOMEN!
ONTPLOFFINGSGEVAAR!

Even aarzelt hij om naar binnen te gaan, maar Anouk geeft
hem een lichte duw.
'Je hoort er nu ook bij', zegt ze.
Lukas gaat op de bank zitten en vouwt het boekje open. De

drie anderen kijken over zijn schouder mee. Lukas houdt
het vlammetje onder de eerste bladzijde.
Niets.
Het ruikt alleen een beetje vreemd, vindt Martijn. Maar dat
is omdat het blaadje daarnet bijna in brand vloog.
Lukas houdt de aansteker onder de volgende bladzijde.
'Daar kunnen we nog een hele dag mee doorgaan', zegt
Martijn. 'Zouden we onze show niet beter in elkaar moeten
zetten? We hebben niet veel tijd meer.'
'Wacht even', zegt Anouk. 'Zien jullie dat ook?'
Martijn kijkt naar de rechterbladzijde van het boekje. Er
verschijnen bruine tekens.
'Zie je wel!', roept Lukas.
Martijn buigt zich voorover.
'Wat staat er?', vraagt hij ongeduldig.
'Nog even', zegt Lukas. 'Dan verklapt Boudini ons een groot
geheim.'
Lukas doet zijn aansteker uit. Hij houdt zijn neus dicht
tegen het boekje.
'En?', vragen Anouk en Martijn tegelijk.
Lukas laat het boekje zakken. Het is net of hij twijfelt of hij
nu blij of ontgoocheld moet zijn. Hij toont de bruine letters:

oefen
oefen
oefen

Het wordt stil in het schuurtje. Martijn had ook iets anders
verwacht. Een ingewikkelde truc die uit de doeken wordt
gedaan. Zoals hoe een olifant uit een kooi kan verdwijnen.
Of een truc die niemand ooit eerder heeft gedaan. Dertig
konijnen uit je hoed halen of zo. Maar het is niets van dat

alles. Er staan alleen drie woordjes. En dan nog drie keer hetzelfde ook.

'Hij heeft gelijk', zegt Lukas ineens. 'Dat is de beste raad die een goochelaar kan krijgen. Niet opgeven, maar oefenen tot het lukt.'

Lukas legt het boekje neer. Hij pakt de bekertjes en het balletje. Die geeft hij aan Martijn.

'Laat jij mij die truc nog eens zien, Martijn', vraagt hij. 'Maar niet te snel.'

Martijn doet het hem voor. Hij plukt opnieuw een bal achter Lukas' oor vandaan.

'Nu is het jouw beurt', zegt hij.

Lukas schuift zo heftig met de bekertjes dat er eentje op de grond klettert.

'Oeps', zegt Milan.

Daarna wil Lukas een balletje achter Anouks oor vandaan toveren. Maar hij heeft per ongeluk een pluk haar vast.

'Au!', schreeuwt Anouk.

Lukas gaat erbij zitten.

'Overmorgen is de show', zegt hij ontmoedigd.

'Nou, waar wachten we dan nog op!', zegt Martijn.

Hij zwaait met het zwarte boekje voor Lukas' neus.

'Oefen, oefen, oefen!'

14 De wedstrijd

De kleine zaal van de basisschool zit tjokvol. Iedereen wil de
jonge goochelaars aan het werk zien. Er is veel
geroezemoes. Sommige mensen houden hun fototoestel
klaar. Vanachter de coulissen kijken Lukas en Martijn de
zaal in. Martijn ziet zijn oma zitten.
'Daar zit mijn opa!', wijst Lukas.
Lukas' opa heeft gitzwart haar en een snor. Hij zit in zijn
rolstoel op de hoek van de eerste rij. Hij lacht breed als hij
Lukas ziet en steekt zijn duim omhoog. Lukas zwaait even
en duikt dan weer de coulissen in. Net als Martijn draagt hij
een zwarte broek en een zwart jasje. Daaronder hebben ze
een wit T-shirt aan.
Martijn kijkt naar de klok. Over tien minuten begint de
wedstrijd.
'Wat als het allemaal fout gaat?', fluistert Lukas tegen
Martijn. 'Dan sta ik voor schut voor de hele zaal.'
'Daar mag je niet aan denken', zegt Martijn.
'Maak je geen zorgen', zegt een jongen naast Lukas. 'Ik win
toch.'
Hij zwaait met zijn goochelstokje. De jongen draagt een
zwarte cape en heeft een grote zwarte bril op.
'Ik ben Harry Potter', zegt hij. 'De enige echte.'
'Harry Potter is een tovenaar', zegt Martijn. 'Geen
goochelaar.'
'Pas maar op of ik verander je in een varken', zegt de jongen
kribbig.

'Willen alle kandidaten naar de kleedkamer komen?', vraagt
een blonde vrouw. Ze heeft een lijst in haar hand.
In de kleedkamer duurt het even voor het stil wordt. Martijn
en Lukas gaan bij Milan en Anouk staan. Ook zij zijn allebei
in het zwart gekleed.
'Jullie attributen staan naast het podium opgesteld', begint
de vrouw. 'De namen van de deelnemers staan er duidelijk
op. Alles staat klaar in de volgorde van de optredens. Twee
medewerkers zullen alles opstellen. En dan nog even voor
alle duidelijkheid ...'
Ze kijkt op haar lijst.
'Er doen dit jaar acht Harry Potters mee', zucht ze. 'Daarom
krijgen ze allemaal een nummer. Dan kunnen we ze uit
elkaar houden.'
De jongen van daarnet krijgt het nummer 8. Hij kijkt
behoorlijk sip.

'Ik wist niet dat je zo veel broertjes had', grijnst Martijn
tegen Harry Potter 9.
'Houd het een beetje rustig in de kleedkamer', zegt de
vrouw nog. 'Anders storen jullie de optredens. Veel succes!'
Martijn loopt naar de lijst die de vrouw op de deur hing.
Daarop staat de volgorde van de shows. *The Magic Four*
moeten als voorlaatste het podium op. Tussen Harry Potter
7 en Harry Potter 8.
'Wat denk je?', fluistert Anouk tegen Martijn. 'Zal het ons
lukken?'
'Ik hoop het echt', zegt Martijn.
Martijn denkt aan gisteren. Ze hebben de hele dag
geoefend. Het is een leuke show. Elk van hen voert een truc
uit. Lukas doet er zelfs twee. Hij laat Martijn verdwijnen in
de kantelkist. Daarna goochelt hij hem weer tevoorschijn.
Dat lukt prima. Alleen bij het laatste stukje liep het gisteren
mis. De kleurrijke doeken van Lukas kwamen niet altijd snel
genoeg uit het vaasje tevoorschijn. Martijn hoopt dat dat
vandaag goed gaat.
De deur van de kleedkamer gaat open.
'Harry Potter 1?', vraagt de vrouw.
Een jongen haast zich de kleedkamer uit.
'De wedstrijd is begonnen', zegt Anouk.
Martijn kijkt naar Lukas. Die bijt de hele tijd op zijn vingers.
En om de haverklap moet hij naar het toilet.

Eindelijk is het zover.
'*The Magic Four*?', vraagt de vrouw in de kleedkamer.
Martijn staat op, samen met Anouk en Milan.
'Waar is Lukas?', vraagt Martijn.
'Die zit nog op het toilet', zegt Anouk.
Martijn haast zich naar de toiletten. Hij klopt op alle deuren.

'Vooruit, Lukas! Waar blijf je nu? We moeten op.'

'Ik wil niet', klinkt het vanachter een deur. 'Ik ben bang.'

'Nog twee minuten, Lukas! Dit is niet het moment om grapjes uit te halen.'

'Het is geen grapje. Ik durf niet. Ga jij maar in mijn plaats.'

Even overweegt Martijn om dat te doen. Hij kent alle trucs die Lukas doet. Hij voert ze sneller en beter uit. Maar dan denkt hij aan de opa van Lukas. Die wacht op de eerste rij op zijn kleinzoon. Martijn bonst op de deur.

'Kom eruit, Lukas, nu! Zonder jou gaat het niet door.'

De deur gaat langzaam open. Lukas schuifelt naar buiten. Martijn grijpt hem bij de arm en rent de toiletten uit, naar de coulissen.

'Waar bleven jullie?', vraagt Milan.

Martijn heeft geen tijd om te antwoorden.

'En dan nu graag jullie applaus voor *The Magic Four*!', zegt de presentator.

Samen met de anderen loopt Martijn het podium op. Lukas begint aan zijn truc met de kantelkist. Alles loopt gesmeerd. Martijn knipoogt bemoedigend naar Lukas. Daarna tovert Martijn een balletje vanachter het oor van een streng kijkend jurylid. De hele zaal moet erom lachen. Het ernstige jurylid ook. Er volgt een applaus. Anouks truc met de kaarten verloopt vlekkeloos. En Milan breekt een goochelstok in tweeën, waarna hij hem weer heel goochelt. Opnieuw applaus.

Nog één truc. De allerlaatste. De moeilijkste ook. Martijn, Anouk en Milan kijken toe van de zijkant van het podium. Lukas is heel zenuwachtig. Dat ziet Martijn aan zijn gezicht. Er beweegt een spiertje boven Lukas' oog.

Lukas toont zijn handen aan het publiek. Leeg. Hij laat een vaasje zien. Ook leeg. Hij maakt een beweging. Dat is het

moment waarop hij een hele sliert zakdoeken uit het vaasje
moet goocholon. Maar hot gaat mio. Er komt niets uit het
vaasje. Het blijft stil in de zaal.
Anouk kijkt Martijn aan.
'Wat nu?', fluistert ze.
Martijn diept zijn balletje op uit zijn jaszak. Hij gaat een
beetje voor Lukas staan. Zo ziet de zaal niet wat Lukas doet.
Martijn laat het balletje tussen zijn vingers dansen. En floep!
Ineens is het weg.
De mensen vinden het leuk. Ze klappen in hun handen.
Martijn gaat opzij. Hij hoopt dat Lukas tijd genoeg gekregen
heeft. Lukas laat opnieuw het vaasje aan de zaal zien. Leeg.
Hij maakt een gebaar. En dan haalt hij een hele sliert
zakdoeken uit het vaasje.
'Gelukt!', fluistert Anouk opgelucht.
Ze maken samen een buiging. Onder luid applaus gaat het
viertal weer naar de kleedkamer.
'Bedankt', zegt Lukas tegen Martijn.
'Heb je je opa gezien?', lacht Martijn. 'Hij klapte wel voor
tien. Hij is vast reuzetrots.'
Harry Potter 8 haast zich naar het podium.
'En dan nu de allerlaatste kandidaat', hoort Martijn zeggen.

'Wanneer is de pauze om?', zeurt Harry Potter 8. 'Dan weten
we eindelijk wie er gewonnen heeft.'
'Kun je niet in je glazen bol kijken?', vraagt Martijn. 'Dan zie
je het meteen.'
Harry Potter 8 kan er niet om lachen.
'De kandidaten mogen het podium op', zegt de vrouw.
De jonge goochelaars drommen de kleedkamer uit naar het
podium.
'De derde prijs gaat naar Bert Bonza', zegt de presentator.

Een jongen met een rode kuif komt lachend naar voren. Hij neemt zijn beker in ontvangst.

'Nog twee prijzen te gaan', zegt Lukas gespannen.

'Vingers gekruist', zegt Martijn.

De tweede prijs gaat naar een blond meisje. Een verdiende plaats, vindt Martijn. Ze deed een knappe truc met een duif uit een hoed.

'En dan nu ... de winnaar van vanavond', zegt de presentator.

Uit de zaal stijgt geroezemoes op.

'Stilte alstublieft.'

'De titel van Beste Jonge Goochelaar gaat naar Harry Potter ...'

Naast Martijn begint Harry Potter 8 te juichen. Maar de presentator was nog niet uitgesproken.

'Harry Potter met het nummer 5!', zegt hij.

Harry Potter 8 stopt met juichen.

'Ze hebben zich vast in het nummer vergist', zegt hij boos.

'We hebben geen prijs', zegt Anouk. 'Volgende keer beter.'

'Jammer', zegt Lukas. 'Ik had opa graag ...'

'We zijn nog niet klaar', zegt de presentator. 'We hebben ook een publieksprijs. Tijdens de pauze konden de mensen in de zaal meestemmen.'

Hij opent een envelop.

'De publieksprijs is voor *The Magic Four*! Willen jullie even naar voren komen?'

Lukas is zo verrast dat hij blijft staan. Martijn trekt hem snel mee. De presentator geeft hun een beker. Die is een stuk kleiner dan de vorige drie, maar dat vindt Martijn niet erg.

'Jullie zullen erom moeten vechten', lacht de presentator.

'Geef hem maar aan Lukas', zegt Martijn.

Lukas houdt de beker vast. En terwijl de zaal applaudisseert, kijkt hij naar zijn opa.

15 Een raadselachtig briefje

De regen klettert tegen het zolderraam. Martijn hoort het
amper. Hij zit samen met Anouk tussen zijn oma's oude
spullen. Milan en Lukas konden er niet bij zijn. Milan is op
reis en Lukas is bij zijn opa op bezoek.
Vandaag gaat Martijn naar huis. Zijn moeder komt hem
straks halen. De voorbije week is zo omgevlogen. Martijn
wilde dat hij nog langer kon blijven. Zijn oma heeft beloofd
dat hij snel weer mag komen.
Martijn kijkt naar Anouk. Hij probeert zijn binnenpret niet
te laten merken. Voor Anouk kwam, heeft Martijn de
fopdoos op zolder gezet.
'Wat een hoop rommel!', zegt Anouk.
Ze zet een oude dameshoed op en trekt een stel hoge
schoenen aan.
'Hoi', zegt ze tegen Martijn. 'Ik kom uit de vorige eeuw. En
wie ben jij?'
Martijn lacht.
'Help je nu mee zoeken?', vraagt hij.
Anouk zet haar hoed af en glijdt uit de schoenen.
'Wat zoeken we precies?', vraagt ze.
Martijn haalt zijn schouders op.
'Juwelen, briefjes, allerlei kostbare dingen', zegt hij.
'Mensen stoppen die op de gekste plaatsen. Ooit vond mijn
oma een gouden ring. Die was in de zoom van een jurk
genaaid.'
'Wauw', zegt Anouk.

Ze pakt het hoedje en keert het binnenstebuiten.
'Geen ring', zegt ze.
'Hier staat een zwart kistje!', roept Martijn uit. 'Misschien
zitten er juwelen in.'
Anouk is er als de kippen bij.
'Geef hier', zegt ze nieuwsgierig.
Ze draait de sleutel om en doet het kistje open. De clown
floept eruit, pal tegen haar neus. Ze gilt en laat het kistje
vallen. Recht op haar voet.
Martijn komt haast niet meer bij van het lachen.
'Dat is de fopdoos van Barry Boudini', zegt hij.
Anouk wrijft over haar linkervoet.
'Zoeken we nog verder of niet?', vraagt ze een beetje knorrig.
'Natuurlijk zoeken we verder', zegt Martijn. 'Soms vind je in
een lade een vergeten briefje. Een oude liefdesbrief of zo.'
Anouk wurmt zich door de spullen naar een hoek van de
zolder. Daar staat een donkerbruin kastje. Het heeft drie
laden. Anouk trekt ze één voor één open.
'Niets', zegt ze.
Ze klinkt behoorlijk teleurgesteld.
'Je moet ook onderaan kijken', zegt Martijn. 'Soms zijn er
briefjes tussen de lades terechtgekomen. Mijn oma vond
ooit een oud briefje van ...'
'Hebbes!', roept Anouk opgewonden.
Ze haalt haar hoofd uit de kast. In haar hand houdt ze een
vergeeld papiertje. Het is in vieren gevouwen. Snel vouwt ze
het open.

een kilo appels
vier bananen
prei
eten voor de poes

'Een boodschappenlijstje', zegt ze teleurgesteld.

'Het is in elk geval iets', zegt Martijn.

Hij kijkt opzij. Tegen de wand staan een paar schilderijen. Een landschap in de sneeuw. Een paard in de wei. Boeren die op het veld werken.

'Help je me even?', vraagt Martijn.

Hij pakt het schilderij van het paard. Met de hulp van Anouk legt hij het neer. Voorzichtig tast hij de achterkant af.

'Niets.'

'Zullen we iets anders doen?', vraagt Anouk. 'Ik heb zin in een spelletje.'

'Nog even', zegt Martijn.

Hij kijkt achter op het sneeuwlandschap. Niets. Alleen een oud haakje waar hij zijn hand aan openhaalt.

'Gaan we nu naar beneden?', vraagt Anouk.

'Alleen dit nog', zegt Martijn.

Samen met Anouk legt hij het schilderij van de boeren plat neer. Hij voelt weer aan de achterkant van het doek. Achter één van de hoeken is iets verborgen. Het is een klein blaadje. Net of het ergens van afgescheurd is.
'Vast weer een boodschappenlijstje', zegt Anouk.
Martijn kijkt naar het blaadje. Er staan allemaal letters op.

ZEP EO AAJ IAAOPANSANG *

'Het is een code!', zegt Anouk opgewonden.
De bel gaat. Martijn hoort de stem van zijn moeder in de gang.
'Komen jullie naar beneden?', roept zijn oma.
'Ik kom zo!', roept Martijn.
Hij stopt het blaadje voorzichtig in zijn broekzak.
'Wat zou het betekenen?', vraagt Anouk.
'Over twee weken kom ik terug', zegt Martijn. 'Dan zoeken we het uit, samen met Milan en Lukas.'
'Ik kan haast niet wachten', zegt Anouk.
Martijn kijkt nog een laatste keer naar de zolder. Hij had nooit gedacht dat oude spullen zo veel geheimen bewaarden. Voorzichtig trekt hij de deur achter zich dicht.

* Tip: A = E